楽しい調べ学習シリーズ

よくわかる税金

種類・役割から消費税の問題まで

泉 美智子 [監修]

新井 明 [著]

PHP

もくじ

この本の使い方 …………………………………………………………………… 4

第1章 税金を学ぼう

税金って何？ …………………………………………………………………… 6
税金は何に使われる？ ………………………………………………………… 8
もしも税金がなかったら ……………………………………………………… 10
いろいろな税金1（消費税、所得税） ………………………………………… 12
いろいろな税金2（法人税、住民税） ………………………………………… 14
いろいろな税金3（関税、相続税） …………………………………………… 16
いろいろな税金4（酒税・たばこ税、自動車関連税） ……………………… 18
直接税と間接税って何？ ……………………………………………………… 20
国税って何？ …………………………………………………………………… 22
地方税って何？ ………………………………………………………………… 24
ふるさと納税って何？ ………………………………………………………… 26
税金の使い道が決まるまで …………………………………………………… 28
日本の税金の歴史 ……………………………………………………………… 30
これからの社会と税金 ………………………………………………………… 32
コラム　確定申告を知ろう …………………………………………………… 34

第2章 もっと知りたい！消費税

消費税のしくみ 36
消費税は何に使われる？ 38
消費税の種類 40
消費税の歴史 42
どうして消費税を上げるの？ 44
消費税の問題を考えよう 46
軽減税率って何？ 48
消費税のはじまり 50
世界の消費税を見てみよう1 52
世界の消費税を見てみよう2 54
消費税が高い国のくらし 56
消費税のない国 58

コラム マイナンバーと税金 60

おわりに 61
さくいん 62

この本の使い方

税金って難しいと思っていませんか。しかし、税金は私たちの生活を支える大切なお金です。この本では税金にはどんなものがあるのか、いつはらうのか、そしてみなさんにも身近な消費税についてわかりやすく説明しています。税金のことを知って、社会の一員になる準備をしましょう。

第1章　税金を学ぼう

そもそも税金とはなんでしょうか？　第1章では税金とは何かを知ることからはじめて、これからの税金のあり方を考えます。

第2章　もっと知りたい！　消費税

消費税はみなさんにも身近な税金です。でも、くわしいことを知っている人は多くはないでしょう。第2章では消費税についてじっくり学びます。

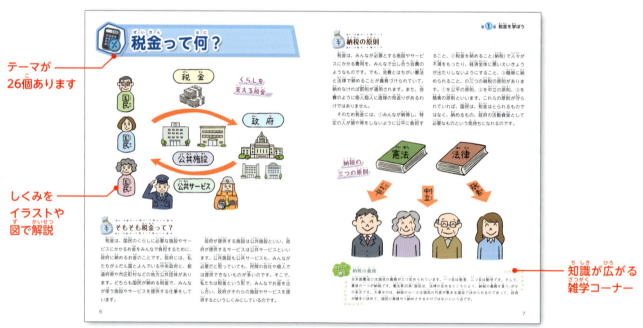

テーマが26個あります

しくみをイラストや図で解説

知識が広がる雑学コーナー

こうやって調べよう

もくじを使おう… 知りたいことや興味があることを、もくじからさがしてみましょう。

さくいんを使おう… 知りたいことや調べたいことがあるときに、さくいんを見れば、それが何ページにのっているのかがわかります。

第(だい)1章(しょう)

税金(ぜいきん)を学(まな)ぼう

税金って何？

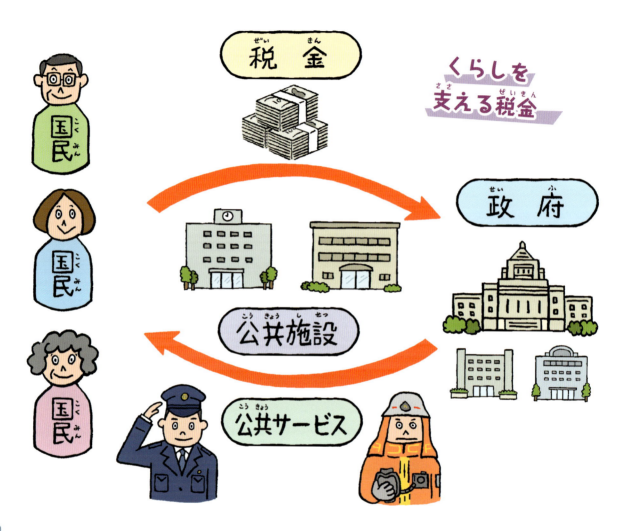

そもそも税金って？

　税金は、国民のくらしに必要な施設やサービスにかかるお金をみんなで負担するために、政府に納めるお金のことです。政府には、私たちがふだん国とよんでいる中央政府と、都道府県や市区町村などの地方公共団体があります。どちらも国民が納める税金で、みんなが使う施設やサービスを提供する仕事をしています。

　政府が提供する施設は公共施設といい、政府が提供するサービスは公共サービスといいます。公共施設も公共サービスも、みんなが必要だと思っていても、民間の会社や個人では提供できないものが多いのです。そこで、私たちは税金という形で、みんなでお金を出し合い、政府がそれらの施設やサービスを提供するというしくみにしているのです。

第1章 税金を学ぼう

納税の原則

　税金は、みんなが必要とする施設やサービスにかかる費用を、みんなで出し合う会費のようなものです。でも、会費とはちがい憲法と法律で納めることが義務づけられていて、納めなければ罰則が適用されます。また、会費のように個人個人に直接の見返りがあるわけではありません。

　そのため税金には、①みんなが納得し、特定の人が損や得をしないように公平に負担すること、②税金を納めること（納税）で人々が不満をもったり、経済全体に悪いえいきょうが出たりしないようにすること、③簡単に納められること、の三つの納税の原則があります。①を公平の原則、②を中立の原則、③を簡素の原則といいます。これらの原則が守られていれば、国民は、税金はとられるものではなく、納めるもの、政府の活動資金として必要なものという気持ちになれるのです。

ちょこっと雑学　納税の義務

　日本国憲法には国民の義務が三つ定められています。一つ目は教育、二つ目は勤労です。そして、最後の一つが納税です。憲法第30条「国民は、法律の定めるところにより、納税の義務を負う」がその条文です。大事なのは、納税のルールは国民の代表が集まる国会で決められるのであって、政府が勝手に決めて、国民に無理やり納めさせるわけではないという点です。

税金は何に使われる？

 ## 税金が使われているものはなんだろう？

　私たちがくらす社会には、税金でつくられたり、運営されたりしているものがたくさんあります。どんなものがそれに当てはまるでしょうか？　まずは、みなさんの住んでいる町の様子を思いうかべてください。次のものの中で、100％税金でつくられたり、運営されたりしているものには「○」、そういうものもあるけれどそうでないものもあるというものに「△」、税金は使っていないよ、というものには「×」をつけてください。

税金発見マップ

① 図書館
② 警察署
③ 道路
④ 小学校
⑤ 公園

ヒント　無料のものやサービスは、税金でつくられたり運営されたりしています。有料でも見えない形で税金が使われているものもあります。税金が使われていないものは商売を行っているところです。

第1章 税金を学ぼう

税金でつくられているもの、そうでないもの

左ページの質問の答えです。

①図書館：△　公立図書館は税金で運営されますが、私立の図書館もあります。　②警察署：○　警察はみんなの安全を守るために税金で運営されています。　③道路：○　一部有料道路もありますが、道路は税金で整備されています。　④小学校：△　私立の小学校と公立の小学校があります。　⑤公園：○　ほとんどの公園は税金で整備されたり運営されたりしています。　⑥病院：△　国立や公立の病院もあるし、民間の病院もあります。　⑦消防署：○　消防署は税金で運営されています。　⑧銀行：×　政府系金融機関というものもありますが、ほとんどの銀行は民間で経営されています。　⑨コンビニ：×　コンビニはすべて民営です。　⑩ごみ焼却場：○　ごみ焼却場は税金でつくられ、運営されています。

ちょこっと雑学　小学生・中学生にはどのくらい税金が使われているか

公立の学校は税金で運営されています。建物にも設備にも、先生の給料にも教科書にも税金が使われています。その額は公立の小学校では1年間に一人あたり約86万円。中学校では約99万円にもなります。

（数値は平成24年度、国税庁ホームページより）

もしも税金がなかったら

こんなものにもお金がかかる

　もしも税金を納めなくてもよかったら、この世は天国になるでしょうか。残念ながらそうはなりません。なぜなら、国民が納めた税金はみんなのために使われているからです。

　たとえば、火事になったとき、日本では119番に電話すれば消防自動車が来て消火してくれます。このときにお金はとられません。税金のない国だったら消防署に電話しても、「いますぐだったら〇〇円ですよ」ということになりかねません。公立の図書館で調べ学習をするために本を借りようと思ったら「〇〇円ですよ」と請求されてしまうかもしれません。みんなが使う施設やサービスを運用するお金（財源）の大半は税金でまかなわれているのです。

第 1 章 税金を学ぼう

もしものときにも税金が使われる

　社会保障とよばれる、病気の人や高齢者などの生活を支えるしくみにも税金が使われています。たとえば病気になってお医者さんにかかったとき、日本では健康保険のしくみがあり、治療費や薬代の一部は自分で負担しますが、基本的に大部分は税金でまかなわれています（年間一人あたり約13万円）。高齢者が受けとる年金にも一部税金が使われています（基礎年金年間一人あたり約33万円）。そのほか、保育園にも税金が使われています。高齢になって車いすを使うときや自宅を改造するときにも税金から補助が出ます。もしも税金がなければ、これらはすべて自分たちでお金を出さなければなりません。このように税金は私たちのもしものときや将来の生活保障のために、はば広く使われています。

（数値は東京税理士会租税教育推進部編『知っておきたい税のはなし 平成27年度版』より）

ちょこっと雑学 研究をささえる税金

　意外な税金の使われ方では学問研究への助成があります。科学研究費補助金（科研費）といってさまざまな分野の研究者に補助金が出されています。iPS細胞の発見でノーベル生理学・医学賞を受賞した山中伸弥博士も科研費により、そのスタートとなる研究を行ったそうです。

いろいろな税金1

消費税

　ひとみさんはおこづかいをもらったので、500円を持ってコンビニでおかしをいくつか買いました。値札を見ると「税抜」とか「本体価格＋税」という表示になっていました。だいたい500円くらいだなと思い、計算するのも大変だったので500円玉を出したら、足りませんよと言われてしまいました。「消費税って意外と高いんだなぁ」。

■消費税とは■

消費税は商品やサービスを買うときにかかる税金です。現在(平成28年度)は8％が商品やサービスにかかっています。消費税を負担するのは買い物をした人ですが、税務署にはらうのはお店の人です。このような税金を間接税(関連→20ページ)といいます。消費税は広く世の中の人に負担してもらう意味で公平なようですが、お金持ちもそうでない人も同じ率※を負担するので、貧しい人の負担が重くなってしまう逆進性がある税ともいわれています(関連→21、46ページ)。

※全体を100としたときの割合。1％は1/100である。

12

第 1 章 税金を学ぼう

所得税

部長に昇進した、たろうさんのお父さん。給料が増えると喜んでいます。月末になってふりこまれた給料の明細書を見てびっくり。毎月給料から引かれる所得税の金額が前よりも増えて、かなりの額になっています。「給料が上がったから税金も増えるのはわかるけれど、給料アップの額以上に税金が増えるのはつらいよ」と言っています。

■所得税とは■

所得税は、消費税と並んで日本では一番大事な税金で、会社などで働いて給料をもらっている人、自分で商売をしている人が所得（収入）に応じて納める税金です。そのほか土地や株式を売って利益を得た場合にも納めなければなりません。会社員の場合は、やとっている会社があらかじめ給料から所得税分を引いて給料をわたす源泉徴収というしくみがあります。会社以外からお金を受けとっている人は税務署に申告をして所得税を納めることになっています。

大人は大変なんだよ

累進課税制度

消費税は買い物をした人すべてに一定の率でかかる税金です。それに対して所得税は所得が上がると税率（所得にかかる税金の率）が上がります。これを累進課税制度といいます。所得の高い人は、低い人よりも多く負担してください、という制度です。

いろいろな税金2

¥ 法人税

　まことさんのお母さんは、勤めていた会社を退職して念願だった自分の会社を立ち上げました。インターネットを使って自分で制作したオリジナルのTシャツを販売する会社です。それが評判になり会社は大成功のようです。でもちょっと心配そう。どうしたのと聞いたら、「会社が成功するのはいいけれど、法人税をどのくらい納める必要があるのか不安なの」と言っています。

■法人税とは■

株式会社や合同会社など会社（法律的には法人といいます）の所得に対してかかる税金が法人税です。法人税は会社の収入から、収入を得るためにかかったいろいろな経費を引いた利益にかかります。中小企業と大企業の区別はありますが、法人税は所得税とちがい、どんなに利益が増えても税率は同じです。

いっぱい売れるのはいいけど……

第1章 税金を学ぼう

住民税

働きはじめて2年目のなおきさんのお兄さん。6月になって給料の明細を見ると去年はなかった住民税が給料から引かれていました。「去年はなかったのに、なぜ今年からなのか不思議だ」とお兄さんは言います。また、「所得税と似ているけど、どうやって税金を計算したんだろう」と不思議がります。住民税ってなんだろう？

■住民税とは■

住民税はその場所に住んでいる住民に課せられる税金です。都道府県民税※と市町村民税があり、所得税が税務署を通して国に納める国税であるのとちがい、両方を合算して1月1日の時点で居住している市区町村に納めます。住民税は前の年の所得から計算されます。だから働きはじめて2年目のお兄さんは今年になってはじめて住民税を納めることになったのです。住民税の税率は所得に対して一律に課せられます。

※正式名称は「道府県民税」です。

税金を集める人々

税金をあつかう役所は税務署です。税務署で働いている人たちは税金を集めたり、申告された税金が正しいかをチェックしたりしています。時には不正をしている人や会社を調査することもあります。
都道府県や市区町村にも税金を集める仕事をしている人がいます。

15

いろいろな税金3

関税

　ひろこさんのお姉さんは海外旅行に行き、お土産でちょっと高価なくつを買ってきました。帰国したときに、空港の税関で「この品物には関税がかかりますよ」と言われて関税をしはらってきました。お姉さんは「関税って石油や牛肉なんかの輸入品にかかるだけでなくて、個人の買い物にもかかるんだ」とおどろいています。

■関税とは■

　関税は輸出や輸入のときにかかる税金です。多くの場合は、会社が製品を輸出したり原料などを輸入したりする貿易のときにかかります。輸入品の場合、関税は輸入業者がはらい、製品にそのお金を上乗せして販売します。だから消費者にとっては見えない税で、間接税に分類されます。個人でも、お土産や商売のために一定の金額をこえた商品を国内に持ちこむときには関税がかかります。関税をあつかうのは港や空港にある税関で、財務省に属する役所です。

相続税

第 1 章 税金を学ぼう

わたるくんのおじいさんが亡くなったので、お父さんが田舎の家の整理をしていたら、蔵から何やら古いつぼがでてきました。ちょっと高価そうなので鑑定をしてもらったら、貴重な品で高い価値があるものとわかりました。しかし、お父さんはうれしそうな顔をしていません。「なぜ？」と聞いたら「相続税をはらう必要がある」と答えました。

■相続税とは■

相続税とは、死亡した人の財産を相続した人を対象に、受けついだ財産に課せられる税金です。相続すると何もしなくても財産が手に入ります。それに税金がかかるのは、お金が特定の人に集中しないようにするためです。相続した額が少なければ相続税はかかりません。相続の割合は法律で決められていて（遺言や話し合いで決めることもできます）、死亡した人に配偶者（夫や妻）と子どもがいる場合、配偶者が2分の1、残りを子どもが人数で均等に割った分を相続し、相続税もこれをもとに計算されます。

高そうだね！

免税と爆買い

海外からの観光客が大量にお土産や商品を買って帰る爆買いが話題になっています。爆買いは日本から商品を持ち出すので輸出にあたり、関税がかかってしまいます。それではせっかくのビジネスチャンスをのがしてしまうので、各地に関税や消費税を免除する免税店が開かれています。

 酒税・たばこ税

しんやさんの家には最近、お酒やたばこがたくさん置いてあります。お父さんが買いこんできたもののようです。理由を聞いたら、「酒税やたばこ税が上がるらしいから今のうちに買っておくんだ」と答えました。お酒やたばこの税金が上がるなら、これ以上お酒を飲んだりたばこを吸ったりしなければいいのにとしんやさんは思います。

■酒税やたばこ税とは■

酒税はお酒、たばこ税はたばこにかかる税金です。お酒やたばこはすべての人が消費するものではないので、ぜいたく品として高い税率がかけられています。酒税はお酒の種類によってちがいますが、ビールでは350mLの缶で77円の税がかかっています。たばこでは440円のたばこの場合277円、つまり約6割が税金です。

第 1 章 税金を学ぼう

自動車関連税

のぞみさんのお父さんは大の車好き。スポーツカーやアウトドア用のRVカーなどいろいろな種類の車を持っている地元の有名人です。でも税金をはらうのが大変だから売ろうかと考えています。そうなるといっしょにドライブにでかけられないので、のぞみさんはちょっぴり残念です。

■自動車にかかる税金■

自動車にはたくさんの税金が課せられています。まず、自動車を購入すると自動車取得税がかかります。自動車の種類によってちがいますが、自家用の四輪車の場合は購入価格の3％の取得税がかかります。また、自動車の保有には自動車税がかかります。これも車種によってちがいますが、排気量1500cc超から2000ccの自動車だと年間約4万円が必要です。そのほか、ガソリンには揮発油税、定期的に受けなければならない車検では自動車重量税がかかります。

租税負担率

国民がどのくらい税金を負担しているかを表したものを租税負担率といいます。国税と地方税を足した金額を国民所得で割ったものです。日本では平成25年度で24.1％です。これはスウェーデンの49.9％やフランスの40.7％に比べるとかなり低い率になっています。

直接税と間接税って何？

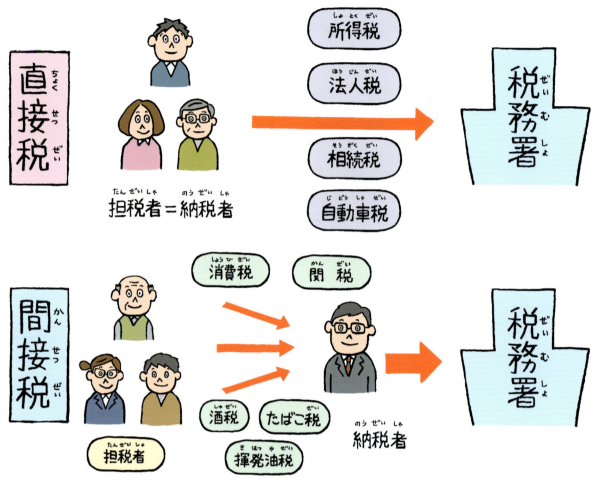

直接税と間接税

　税金にはいろいろな種類がありますが、大きく直接税と間接税に区分されています。直接税は、税金を負担する人が直接税金を納めるものです。これまで見てきた税金では所得税、法人税、相続税、自動車税がそれにあたります。税を負担する人と税を納める人がちがうのが間接税です。同じく消費税、関税、酒税、たばこ税、揮発油税がそうです。

　直接税は税金を自分で納めにいくので税金の金額や負担の重さがわかります。一方、間接税の場合は商品やサービスの値段に税金が加えられているので、知らないうちに税金をはらっていてどれだけ税金を負担しているのかは個人ではわかりません。どちらの税金がはらいやすいのか、また、経済にえいきょうが少ないのか、社会全体の利益になるのか、さまざまな意見があり、国会でも議論されています。

第①章 税金を学ぼう

直接税と間接税の長所と短所

　税金の負担はできるだけ公平でなければいけません。税金に関する公平には二つの考え方があります。一つは、より高い経済力をもつ人はより多くの税金を負担するべきだという考え方で、垂直的公平といいます。それに対して、経済力に関係なくはらえる能力がある人は同じ率の税金を負担すべきだという考え方もあります。これを水平的公平といいます。
　直接税は所得税の累進課税制度のように、経済力に応じて税率を変化させるという垂直的公平の納税方法が可能です。でも、負担が多い人からは不満が出ます。一方、間接税は消費税のように、経済力にかかわらずみんなで同じ率だけ負担するという水平的公平を実現できます。でも、所得の低い人の負担が重くなる逆進性が問題です。このほか、直接税は景気に左右されるけれど、間接税はあまり左右されない点も異なっています。

直接税・間接税の長所・短所

	長所	短所
直接税	所得税の累進課税制度のように税負担の能力に応じて適切な課税ができる（垂直的公平）。 「能力に応じてはらうよ」	景気に左右されて税収が一定にならない。負担を重くすると所得が多い人が不満をもつようになる。 「年によって変わってしまう」
間接税	消費税のように広くみんなが負担できる（水平的公平）。景気に左右されずに無理なく一定の税収を確保できる。 「使った分だけはらうよ」	所得に関係なく同じ率もしくは同じ金額が課せられて、低所得者の税負担が重くなる（逆進性）。 「所得が少ないとつらいよ」

ちょこっと雑学　直間比率

　一国の中での直接税と間接税の比率を直間比率といいます。現在、日本では66：34（平成27年度予算）で直接税中心です。それに対してアメリカは77：23、イギリス57：43で国による差が大きくなっています。直間比率はどのくらいが社会にとってふさわしいのか世界中で議論されています。

（財務省ホームページより）

国税って何？

国税には何がある？

日本では国と地方公共団体が分担して、みんなに必要なものやサービスを提供する仕事をしています。それに対応して、税金も国に納める国税と地方公共団体に納める地方税に分かれています。国税には直接税と間接税があります。直接国税には所得税、法人税、相続税のほか、贈与税などがあります。間接国税には消費税、酒税、たばこ税、関税、揮発油税などがあります。

国税の総額は、平成28年度は約58兆円が予定されていました。そのうち、一番多いのは所得税で約18兆円（国税の31.2％）、2番目は消費税で約17兆円（29.9％）、3番目は法人税で約12兆円（21.2％）となっています。相続税は3％強しかありません。実は、政府が使う予定のお金は97兆円もあるので、税金で足りない分は、税外収入と国債という借金でおぎなっています※。

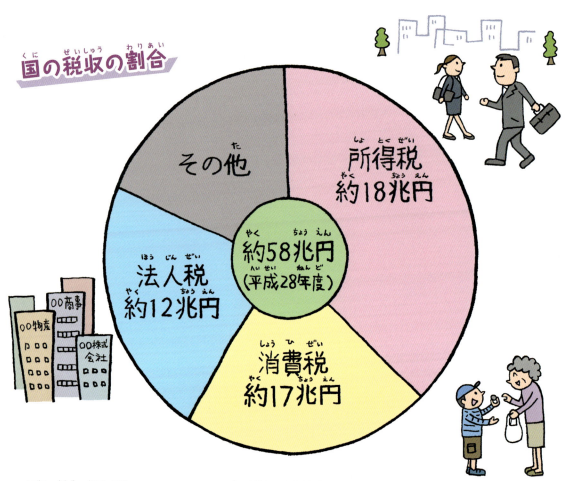

国の税収の割合

約58兆円（平成28年度）
- 所得税 約18兆円
- 消費税 約17兆円
- 法人税 約12兆円
- その他

※平成28年度の歳入（関連→28ページ）は、「その他の収入」（税外収入）が約5兆円、公債金（国債）が約34兆円で合計約97兆円です。

第1章 税金を学ぼう

国税の使い道

国税は国民全体のために使われます。国が1年間に使う予定のお金を計算したものが予算です。平成28年度予算の約97兆円のうち、国が一番多く使っているのは社会保障費です。金額にして約32兆円(予算の33.1％)となっています。全体の3分の1が社会保障費に使われているのは、少子高齢化のえいきょうです。2番目は、国債費です。これは政府の借金である国債を返済したり、利子をはらったりするためのお金で約24兆円(24.4％)です。3番目は地方交付税交付金です。これは地方にお金がないときに国税の一部を地方にわたすお金で約15兆円(15.8％)です。4位以下は、公共事業費約5.9兆円(6.2％)、文教及び科学振興費約5.4兆円(5.5％)、防衛関係費約5.1兆円(5.2％)と続きます。

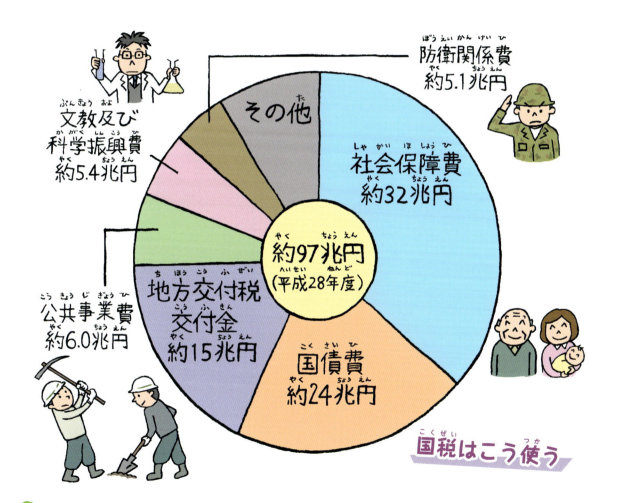

国税はこう使う

ちょこっと雑学　国債という借金

予算の歳出に対して歳入が足りないときには、政府は国債を発行して穴うめをします。借金をして仕事をするのは本来望ましくありません。だから基本は、国債を発行してはいけないことになっています。でもどうしても必要なときには、法律をつくって国会の承認を得て発行することができます。

23

地方税って何？

地方税って何？

　地方税は、地方公共団体が仕事をするために集める税金です。地方公共団体には都道府県と市区町村があります。地方税には都道府県に納める税金と市区町村に納める税金の二つがあります。都道府県に納める税金には、都道府県民税、自動車税、事業税、不動産取得税などがあります。市区町村に納める税金には市町村民税、軽自動車税、固定資産税などがあります。

　このうち、住民税である都道府県民税と市町村民税は、合わせて市区町村の税務課に納めることになっています。住民税は個人の場合は、前の年の所得に応じて税額が計算されています。そのほかの税は都道府県の税事務所や市区町村の税務課に納めることになっています。なお、国税の消費税、たばこ税などの一部は地方消費税、地方たばこ税として地方公共団体に納められています。

第1章 税金を学ぼう

地方税の使い道

地方税は地域の人のために使われます。それぞれの地方公共団体は地方税と国からの補助金を合わせて予算をつくり、何にどのくらい使うかを決めていきます。それぞれ地域によって課題がちがい、支出する予算の中身も規模もちがってきます。

たとえば平成28年度の東京都の場合、一番多いのは福祉と保健関係のお金です。歳出総額7兆110億円のうちの1兆1622億円(約17%)が支出されています。次が教育と文化関係、警察と消防、都市の整備(公園や道路、河川の整備といったまちづくり)、労働と経済(小さな会社や農林水産業を守る)などの項目が続きます。東京都の場合には2020年の東京オリンピック・パラリンピックのための施設や環境整備にもお金を支出しています。

東日本大震災で被害を受けた地方では復興のための仕事にお金を使うことが必要で、これには全国の地方税の一部があてられています。

ちょこっと雑学　地方交付税交付金

地方公共団体が仕事をするときに、地方税だけでは足りない場合は国からお金が支出されます。その一つが地方交付税交付金です。これは全国の生活水準を一定にするために国税の一部が地方に使われるもので、使い道は各地方公共団体が自由に決められます。

25

ふるさと納税って何？

ふるさと納税について

ふるさと納税は2008年に公布された改正地方税法によって創設されたしくみです。税金という名前がついていますが、寄附の一種で、住民税の中の寄附金控除という項目に適用されるものです。これは、寄附をしたら税金が一定額安くなる制度です。

ふるさと納税は、生まれ故郷からほかの地域に仕事などで移った人が、ふるさとの活性化のために寄附をする制度です。生まれ故郷以外でも、自分がかつてお世話になった地域、応えんしたい地域があれば複数の場所に寄附することができます。その点では、納税者が地域や使い道を選べる地域活性化のための税金のしくみといってよいでしょう。また、多くの場合、寄附をした地域からお礼の品をもらえることでも話題となっています。

ふるさと納税の特徴

第①章 税金を学ぼう

ふるさと納税のしくみ

　ふるさと納税は次のようなしくみになっています。たとえば、A市に住んでいるまことさんがふるさと納税をしようと考えたとします。まことさんはB市の出身なので第一候補はB市にしました。また農業振興に力をいれているC市も応えんしたいと考えました。それぞれの市に１万円のふるさと納税をしたら、お礼にB市からは魚が、C市からはお米が送られてきました。まことさんはその年の確定申告のときに、ふるさと納税分を引いた所得を計算して納税しました。翌年に課されるA市の住民税は、このふるさと納税分を引いて計算した額になります。

　ふるさと納税の多くにはお礼がありますが、それを目的とした寄附になってしまっているのではという批判も出ています。また、ふるさと納税を受ける市の分だけ、いま住んでいる市の住民税が減るという問題も指摘されています。

ふるさと納税の流れ

世界の面白い税金

　世界には面白い税金がたくさんあります。たとえば、ハンガリーにはポテトチップス税という税があります。これはポテトチップスなどスナック類に税金をかけて食べ過ぎを防止しようという目的の税金です。ほかにも、イギリスのロンドンでは都心部に入るのに渋滞税がかかります。

27

税金の使い道が決まるまで

税金の使い道の案を決める

　納められた税金の使い方を予定したものを予算といいます。予算は毎年度つくられ、国民の代表が集まる国会で決められます。国会で決めるためにはその準備が必要です。まず文部科学省や厚生労働省などの政府の各官庁が、来年度こんな仕事をやりたいという案をつくります。

　前年度の8月の末までにそれを財務省に提出したものが概算要求です。それをもとに財務省が査定をして、まとめたものが政府案の原案となります。

　使い道と同時に、どのくらいの税金が入ってくるか、足りない分はどうするかも決めていきます。使うお金を歳出、政府に入ってくるお金を歳入といいます。歳出案と歳入案から構成される予算の原案は12月の末には内閣の会議である閣議で決定されて、政府の来年度予算案として公表されます。

国の予算が決まるまでの道のり

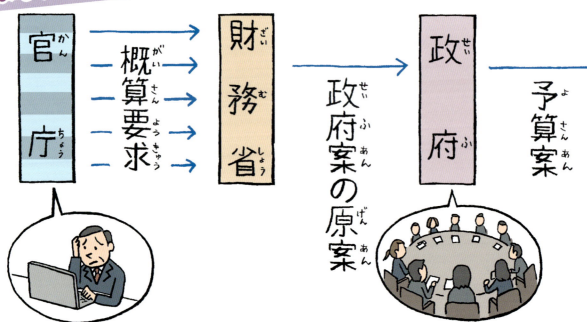

第1章 税金を学ぼう

国会での話し合い

　予算は毎年1月からはじまる通常国会に提出されます。通常国会は予算を審議、決定する大事な国会です。日本国憲法では予算案は必ず最初に衆議院に提出されることになっています。衆議院ではまず予算委員会を開き、予算案に関して細かく審議します。予算委員会で承認された予算案は本会議で話し合われて多数決で決められます。そのあと、参議院に送られて同じように、予算委員会、本会議で審議されて最終的に予算が成立します。予算は3月末には成立しないと4月から政府の仕事ができません。したがって、もし衆議院で議決したあと30日たっても参議院が議決しないときや、ちがった結論を出したときは、衆議院の結論を国会の結論として予算を通過させることができるようになっています。これは国会の場合ですが、地方議会でも似たようなしくみで予算がつくられます。

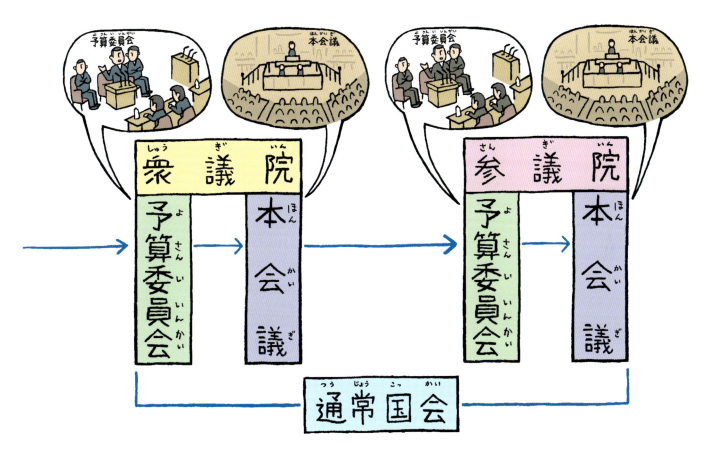

ちょこっと雑学　税理士という仕事

　税金を計算したり納めたりするのは大変な作業です。それを手伝う専門家が税理士です。税理士は財務省が実施する国家試験を通った人しかなれません。現在約7万5000人が税理士として活動しています。似た仕事をしている人に公認会計士がいますが、こちらは本来は株式会社の監査などを行う専門家です。

日本の税金の歴史

日本の税金のはじまり

　どの国でも支配者が出現すると、税を納める制度がはじまります。日本でも、大化の改新後、701年に完成した大宝律令という決まりで税の制度が整備されました。大宝律令では農民に口分田をあたえ、その見返りとして租（いねの一部）、庸（労役の代わりの布）、調（地方の特産物、手工業品）、雑徭（労役）を基礎とする租税のしくみが整備されました。

　しかし、律令体制も奈良時代にはくずれはじめ、平安時代になると荘園とよばれる私有地が発生、荘園の所有者の貴族は、年貢（農産物）、公事（雑税）、夫役（労役）を荘園の農民に納めさせました。鎌倉時代になると武士層が政権をにぎったため、土地の支配関係が複雑化して、農民は旧荘園領主にだけでなく武士政権から派遣された地頭にも税を納めなければならなくなり、重い負担に苦しむようになりました。

第①章 税金を学ぼう

 現代の税制度へ

　室町時代になると農民に対する年貢だけでなく、商工業者からも税の徴収がはじまりました。複雑だった税のしくみを整備統一したのが豊臣秀吉です。
　秀吉は太閤検地によって、土地からの収穫（石高）を基準とした全国一律の基準をつくりました。江戸幕府もこの成果を受けつぎ、農民に対する年貢（お米、特産物、労働など）を中心とした税制度を整備し、幕府や大名の主要な財源にしました。
年貢の中のお米は収穫の半分近くを税として納めさせましたが、あまり税が重いと百姓一揆などがおきました。
　明治時代になって、明治政府は、近代国家をつくるための政策を進めるために地租改正を行い、土地に対してお金で納める地租を中心とした税のしくみをつくりました。しかし、経済が発達するにつれて、所得税、営業税、酒税、相続税など現代にも通じる税金を導入していきました。

 税金は社会を変える

税金のしくみや税金の額が社会を変えていきます。世界に目を転じると、フランス革命もアメリカ独立戦争も、支配者が税金を勝手に多くしたことに対する市民の反発からはじまりました。アメリカ独立革命のスローガンは「代表なくして課税なし」でした。

これからの社会と税金

これからの日本

　働く人の数は生産年齢人口といって15〜64歳の人たちです。この年齢の人たちがどんどん減っています。原因は高齢者が増えていることと、若い人たちが減っていることです（少子高齢化）。生産年齢人口の全国民に対する比率は、1990年には約70％でしたが、現在は約60％にまで下がっており、2055年には約50％になってしまうと予想されています。

　働く人が少なくなっても経済が活発で成長していれば問題はないのですが、成長が見られない場合、所得税など働く人が納める税金の額は少なくなっていきます。一方、高齢者が増えていくことで、社会保障や社会福祉に必要なお金も増えていき、政府がさまざまな仕事をやろうにも税金だけでは足りなくなってしまいます。それが今の日本です。

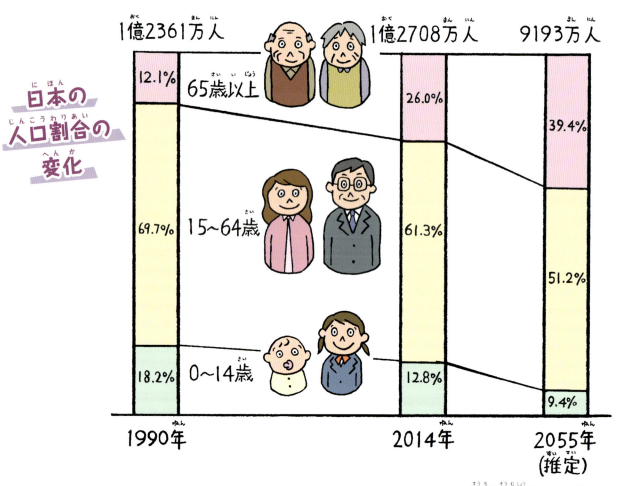

日本の人口割合の変化

（数値は総務省ホームページより）

第1章 税金を学ぼう

これからの税金

　税金を負担する人が減って、税金をもとにしてやらなければならない仕事は増えていく。政府の借金もどんどん増えている。こんな現状を変えていくにはどんな税金のしくみがよいのでしょうか。理屈だけで考えると、政府は税金でやる仕事を減らしていけばいいじゃないかとなります。でも、そんなことをすると国民のくらしに問題が出てきます。必要な額まで税金を増やせばいいじゃないかと考えることもできます。でも、そうするとだれが増えた税金を負担するのかという問題に直面してしまいます。お金持ちからとればいいといっても、限度があります。みんなで負担すればいいといっても、こんどは生活が苦しい人の生活がもっと苦しくなることが予想されます。どうすればよいか、簡単に答えは出ませんが、まずはみんなで考えることからはじめる必要があります。

ちょこっと雑学　納税の罰則

　所得を不正に申告して税金を正しく納めなかったり、まちがえて申告してしまったりしたときには罰則が課されます。一番重いのが所得や財産をごまかしたりかくしたりしたケースで、重加算税という特別に重い負担が課せられます。まちがえたときはその内容に応じて延滞税や加算税という税金が課せられます。

コラム
確定申告を知ろう

確定申告とは、税務署に納める税金の額を計算して、申告することです。自営業や年金生活の人たちなどが関係するのは所得税の確定申告で、毎年3月15日が締め切りになっています。会社員は源泉徴収で先に所得税を納めているので、確定申告が必要な人はそれほど多くありません。確定申告を計算するには確定申告書という書類を使います。確定申告書を提出したらそのときに税額が確定したとみなされて、同時に税金をはらうことになっています。申告額がまちがっていたら、少なかったときは修正申告、多すぎたときは更正の請求の手続きをします。はらい過ぎが認められれば、その分の税金がもどってきます。

なお、子どもでも一定以上の所得があると、確定申告をする必要があるんですよ。

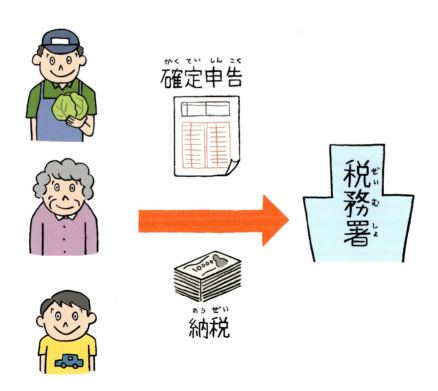

第２章 もっと知りたい！消費税

消費税のしくみ

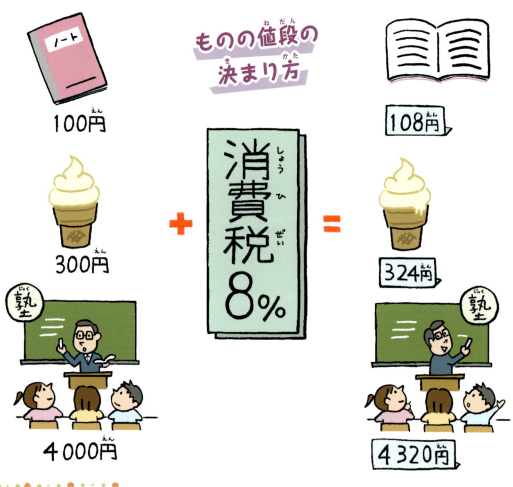

消費税の基本

　消費税とは、文房具やおかしなどの商品を買ったり、塾での講義のようなサービスを受けたりしたとき、つまり何かを消費したときにかかる税金です。現在の日本では、ほとんどの商品やサービスに消費税（現在は8％）がかかっています。

　たとえば、みどりさんが、文房具店で108円の値札のついたノートを買ったとします。そのときには、100円のノート代に対して消費税分の8円が加えられて、ノートの値段として108円が表示されているのです。消費税は、ノートを売った文房具店のようなお店だけでなく、ものをつくる会社、できた製品を運ぶ運送会社など、その製品に関係するすべての会社や個人が負担しています。それらの金額の総額が8円になるのですが、それらは私たちには見えません。見えるのはお店の値札だけです。そして、最終的にその製品の消費税を負担するのはみどりさんのような、ものを買って消費する人になります。

第2章 もっと知りたい！消費税

消費税はだれがはらっている？

消費税を最終的に負担しているのはみどりさんのような消費者ですが、実際に税金を納めているのはものをつくる製造業者やものを売る小売業者です。ノートでいえば、みどりさんが負担した消費税の8円は、文房具メーカーや文房具店がそれぞれ税務署に納めています。文房具メーカーは文房具店から受けとった消費税を納め、文房具店はみどりさんから受けとった消費税と商品を仕入れたときにはらった消費税の差額を税務署に納めています。なお、現在の消費税は8％ですが、そのうち国には6.3％、地方公共団体には1.7％が納められています（関連→20ページ）。

ちょこっと雑学　消費税のかからないもの

多くの取引に消費税がかかっていますが、消費税がかからない取引もあります。たとえば、土地の売りわたし代や家賃、医療費、介護サービスなどには消費税がかかりません。身近なものでは教科書には消費税はかかりません。

消費税は何に使われる？

消費税の使い道

　消費税は基本的に全額を社会保障に使うことになっています。平成28年度の予算では、国に納められる消費税（国税）と地方消費税（地方税）を合わせて消費税全体で21.8兆円を集める予定でした。国に集められる予定の13.4兆円分は国の社会保障費に使うことになっています。残りは地方交付税や地方消費税として国が集めて地方に配分します。

　国は、年金に11.9兆円、医療に11.3兆円、介護に2.9兆円、子ども・子育て支援に2.0兆円、合計で28.2兆円を使う予定でした。ところが国が使える消費税は13.4兆円ですから、足りない分は国債を発行しておぎなうことになります。地方でも社会保障の経費に10.7兆円を使う予定ですが、地方が使える消費税は8.4兆円ですから、やはり足りない分は地方債などでおぎなうことになります。

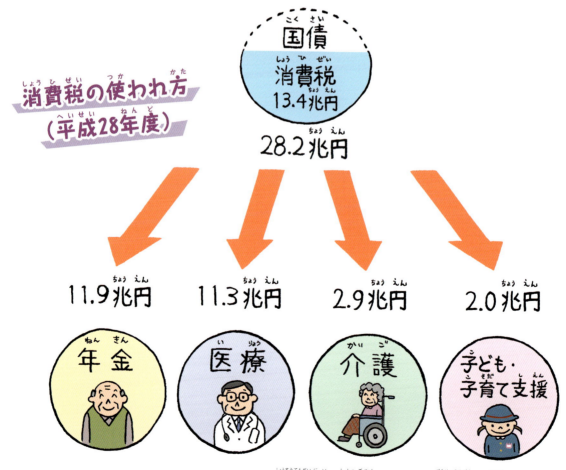

消費税の使われ方（平成28年度）

※小数点第二位を四捨五入しているため、合計金額とは一致していません。

第2章 もっと知りたい！ 消費税

増税したら何に使われる

　消費税の引き上げは、2017年4月からの実施は見送られましたが、いずれ8％から10％に上がる予定です。その増収分は現在と同じく、全額、社会保障の充実に使われることになっています。消費税が5％だったときの消費税額を基準とすると、消費税が10％になると、増収分は8％のときの8.2兆円から14兆円になると推定されています。つまり、純粋に増収になるのは14兆円－8.2兆円＝5.8兆円分です。その増収分の使い道は消費税全体の使い道と同じで、社会保障（年金、医療、介護、子ども・子育て支援）に使われることになっています。

　ただし、年金や医療などの社会保障本体の充実のためだけでなく、高齢化などで自然に増えていく社会保障費の財源にもあてて、若い人たちに負担をかけない使い方もされることになっています（関連→32ページ）。

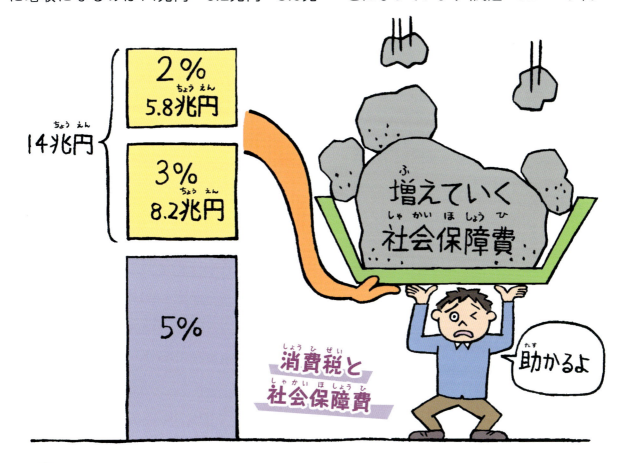

ちょこっと雑学　端数はどうする？

　消費税は商品の本体価格にその8％とか10％といった一定の率の金額が上乗せされます。そうすると価格によっては端数が出てしまいます。この端数を切り捨てにするか、四捨五入にするかは、各事業者が判断することになっています。たとえばJRの運賃では、ICカードでは切り捨てで1円単位、切符では一部を除き、四捨五入で10円単位にして請求するようになっています。

消費税の種類

直接消費税と間接消費税

消費税はすべての消費にはば広くかかる税ですが、細かく見ると消費者が直接負担する直接消費税と、会社などの事業者が負担して消費者はそれを反映した価格をしはらう間接消費税の区分があります。直接消費税には温泉に行ったときにはらう入湯税、ゴルフをやったときにはらうゴルフ税などがあります。間接消費税には酒税やたばこ税、揮発油税などがあります。

入湯税やゴルフ税は利用者が税金分を直接はらう義務がありますが、実際には温泉施設やゴルフ場に預けて納税してもらっています。酒税やたばこ税の場合は、製品を出荷するときに庫出し税という税金としてメーカーに課せられます。税金分はコストとして製品に加えられてお店で売られます。

第2章 もっと知りたい！消費税

個別消費税と一般消費税

間接消費税には、特定の商品やサービスのみにかかる個別消費税と、すべての商品・サービスにかかる一般消費税があります。酒税、たばこ税、揮発油税などは間接消費税ですが、同時に個別消費税に区分されています。個別消費税は、メーカーなどが納税義務者となって負担する税金であり、製品の販売価格の一部となっているものなので、さらに一般消費税がかかる対象となります。

たとえば揮発油税でいえば、石油会社がガソリンなどを精製して製品にしたときに会社に税金がかかります。その税金はガソリンの値段に反映され、スタンドで売られるときにさらに8％の消費税がかかります。つまり消費者が負担する消費税が税金に対してもかかっているわけです。これは税金の二重取りではないかという意見もあります。

ちょこっと雑学　消費税の表示方法

消費税の表示には、商品の価格に消費税をふくめないで別に表示する外税方式と、消費税をふくめた価格表示をする内税方式の二つがあります。外税方式だと、たとえば1000円の商品の場合、消費税8％として1000円（消費税80円）という表示になります。内税方式だと1080円（消費税込）という表示になります。

消費税の歴史

消費税の導入

　消費税が日本の経済や社会にとって必要だという考えは1970年代後半から主張されていました。でも、だれでも増税はいやだし、まして毎日の消費活動に税金がかかることには強い反対があり、政府も「増税なき財政再建」をスローガンにして消費税導入は何度か見送られてきました。

　しかし、政府の借金が増え、高齢化が進行しはじめて税制を根本的に見直さなければもうやっていけないという状況になってきました。そのため、1987年には消費税（売上税）を導入するための法案が国会に出されましたが、反対にあい廃案になりました。1988年に政府はもう一度消費税導入の法案を出し、このときも世論の強い反対があったのですが、法案はなんとか通過しました。このときは3％の税率で、1989年4月1日から実施されました。

1987年4月、「売上税」の導入に反対するデモを行う人々。当時は消費税を売上税と呼んでいました。

1988年12月、消費税導入のための税制改革関連6法案が、参議院本会議で自民党の賛成多数で可決されました。社民党（当時は社会党）と共産党は反対のために欠席しています。

第2章 もっと知りたい！ 消費税

上がる消費税

　最初に導入された3％の消費税には例外がたくさんあり、みんなが負担するという消費税本来の姿とは異なったものでした。それでも消費税が導入されることで、直接税中心の税制が間接税を柱とする税制に転換していく道が開けることになりました。その後、日本経済はバブル崩壊後の不況対策による財政赤字の拡大や、高齢化が進むなど、消費税の引き上げが必要な状態になりました。1997年4月に消費税は5％になりましたが、同じ年に銀行や証券会社の倒産など金融危機が発生して、消費税の導入が原因だったのではないかとの非難もあがりました。2000年代に入り、財政再建と高齢社会対策のために税と社会保障の一体改革が必要であるということで2014年には消費税が8％に上がり、2015年には10％になる予定でしたが、景気判断と政治的理由から、2017年4月に延期されました。そして、これもさらに延期されることになりました。

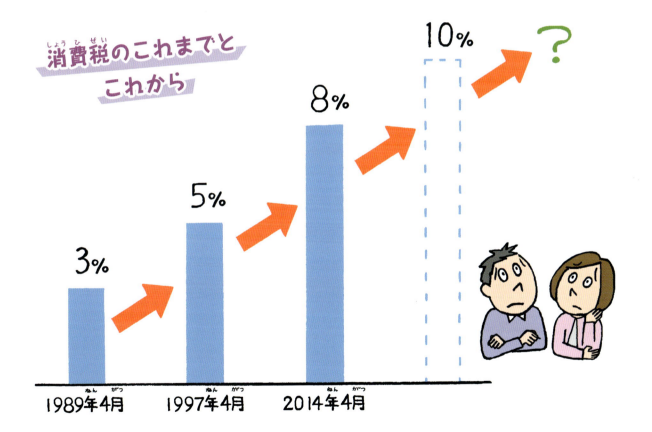

ちょこっと雑学　税込表示の義務化

　現在の消費税を定めている法律では、商品表示は原則として総額表示、つまり内税方式にすることになっています（例外もあります）。商品を買う人にとっては、しはらう金額を計算しなくともよいので外税方式より便利ですが、どれだけ消費税をはらっているのかが見えなくなるとの意見もあります。

どうして消費税を上げるの？

国の借金の増加

　消費税が導入されて3％→5％→8％と上がってきました。さらに10％に上がる予定です。消費税が上がってきた理由には、社会保障費の増加や不景気による税収の減少で国の財政が厳しくなっていることがあります。

　今の日本では、返さなければいけない国の借金が800兆円近くあります。これが毎年急激に増えています。ところが借金の返済をしようにも、平成28年度の予算でも歳出が約97兆円、税収とその他収入が約63兆円で、約34兆円も借金をしなければいけない状態になっています。こうなったら、支出を減らすか税収を増やすかしなければ国は破産してしまいます。ところが、所得税や法人税は景気に左右されて安定的ではありません。不況だと減ってしまうこともあります。そこで登場するのが、安定した財源である消費税の率を上げるという方法なのです。

第2章 もっと知りたい！ 消費税

安定した税金、消費税

消費税は、景気にあまり左右されずに集めることができる安定した税金です。なぜなら、消費税の対象になっている私たちの消費行為は、景気が良ければ少しは増やすことがあるでしょうが、景気が悪くなったからといって急激には減らすことができないものが多いからです。それは毎日の食事や買い物を考えるとわかりますね。また、消費税は国民全体、子どももお年寄りも負担する税金です。所得税は主に働いている人が負担しなければならない税金ですが、消費税は消費するすべての人が平等に負担することになります。そこで、これからの福祉を充実させるためにも、消費税の率を段階的に上げながら国の借金を少なくしようとしているわけです。

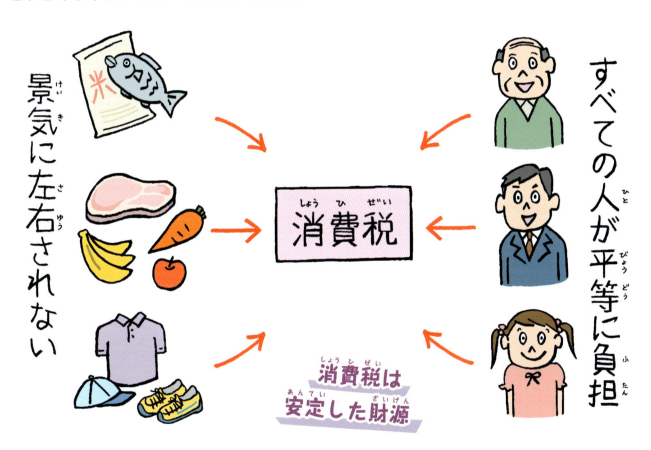

景気に左右されない　→　消費税　←　すべての人が平等に負担

消費税は安定した財源

ちょこっと雑学　便乗値上げ

便乗値上げというのは、税金などが上がったときに、商品の値段をいっしょに上げることです。たとえば、これまで内税で税込み1000円だったものを、外税で1000円＋消費税とした場合は便乗値上げになります。また、消費税が上がったときに一斉に値札を替えるのも、仕入れた時点では消費税の値上げ以前の商品もあるので、お店の利益は増えることになり便乗値上げになります。

消費税の問題を考えよう

消費税って本当に公平？

消費税は、消費というみんながどうしても必要とする行為に対して課されるため、安定的な税金です。しかし、公平という点から見て問題が指摘されています。

具体的に考えてみましょう。所得が年間300万円のりょうたさんと、年間600万円のよしおさんがいたとします。二人で同じ種類の車を買うことになり、話し合って150万円の車をそれぞれ買いました。そうすると二人の負担する消費税は、12万円で変わりませんが、年収に対する負担率は、りょうたさんは4％、よしおさんは2％になります。あれれ、所得の少ないりょうたさんのほうが負担が重く、所得の多いよしおさんの負担は軽くなっていますね。これを逆進性といいます。消費税のように一律にみんなで負担する税には、所得の低い人ほど負担率が大きくなる逆進性という問題点があるのです。

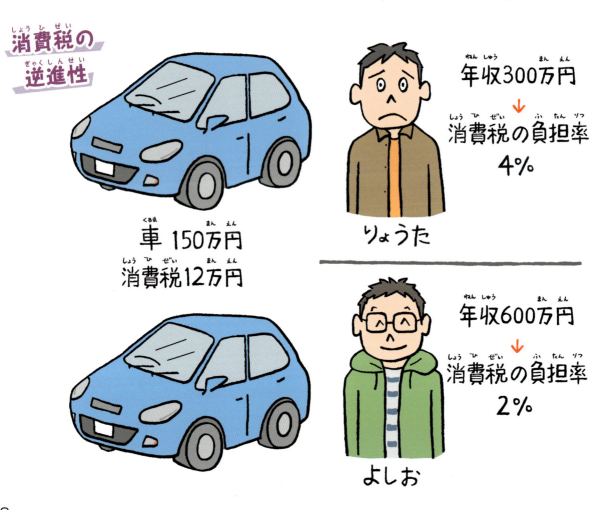

消費税の逆進性

車 150万円
消費税12万円

年収300万円
→ 消費税の負担率 4％
りょうた

年収600万円
→ 消費税の負担率 2％
よしお

第2章 もっと知りたい！ 消費税

景気に悪えいきょうも

消費税は所得税や法人税と比べて景気に左右されない税金ですが、景気そのものに対しては悪いえいきょうをあたえてしまうこともあります。たとえば、消費税が増えると、生活費はそれほど切りつめられないとはいえ、それでも財布のひもは固くなります。つまり、みんながあまりものを買わなくなってしまうということです。そうすると社会全体の消費が減って、会社も売上がのびず、景気が悪くなってしまいます。つまり、消費税を上げてもその分消費が減ったり、所得税や法人税が減ったりして、税収が減ってしまう可能性もあるということです。だから消費税を上げるときには、予想される消費税の増収分と景気の下降分を比較しながら、慎重に判断する必要があるのです。

景気にえいきょうをあたえる消費税

ちょこっと雑学　消費税のよび方

消費税という名前はいまの日本で使われているよび方です。ほかには売上税、営業税、付加価値税などの名前が世界では使われています。このうち経済活動で新たに生み出された利益に課税するという意味の付加価値税という名前がEU（欧州連合）などを中心にもっとも多く使われています。

軽減税率って何？

軽減税率ってどういうもの？

　消費税には逆進性があります。それをやわらげるために生活必需品を中心に、消費税の率を下げる軽減税率という制度があります。日本では現在8％の消費税が2017年には10％になる予定でした。景気判断から見送られましたが、そのときに、お酒を除いた食料品を中心にこの軽減税率を適用することを計画していました。

　一見すると軽減税率は望ましいようですが、何をその対象にするのかが難しいという問題もあります。生鮮食品は必需品なので8％の軽減税率、それを加工した食品も8％です。ところが外食は対象外で10％が予定されています。そうすると、ハンバーガーなどは店内で食べると外食あつかいで10％、テイクアウトにすると加工食品あつかいで8％となります。同じようなことがコンビニの弁当・惣菜、フードコートなどでもおこります。慣れるまでには消費者も販売業者も時間がかかるかもしれません。

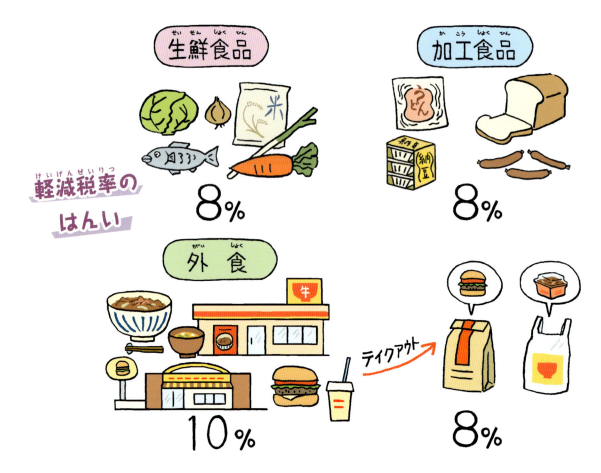

世界の軽減税率

軽減税率は、消費税を導入している国の多くで導入されています。たとえば、税率19％のドイツでは食料品、水道水などが対象で、7％へと軽減されています。税率20％のフランスでは、3段階に分かれていて、外食10％、食料品5.5％、新聞雑誌2.1％などと細かく軽減税率が設定されています。

また、同じ商品でもそれをどのように消費するかで、税率が変わる場合もあります。ドイツでは、ハンバーガーはその場で食べれば高い税率、テイクアウトすると軽減対象になる食料品です。なので、テイクアウトにしてその場で食べるお客さんも結構いるようです。カナダでは、ドーナツなどのおかし類は1回5個までなら高い税率、6個以上なら食料品あつかいの低い税率です。そのため、ドーナツ購入クラブというものをお客さんたちがその場でつくるという話もあるくらいです。

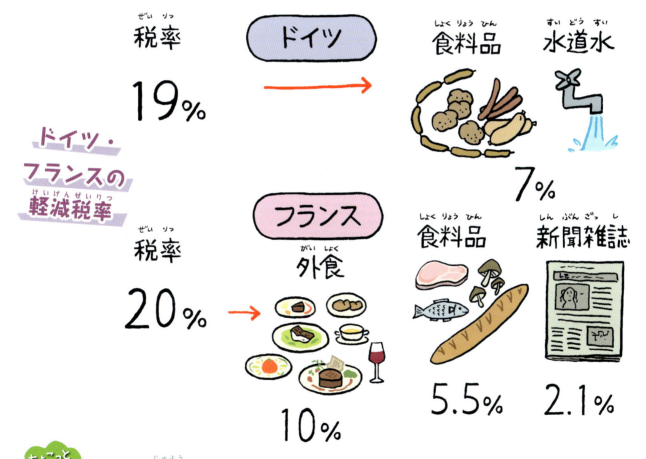

ドイツ・フランスの軽減税率

ちょこっと雑学

かけこみ需要

いっぱんに税金が上がる前に商品を買っておこうという動きをかけこみ需要といいます。消費税が5％から8％に上がる直前の2014年3月には乗用車などの高額商品のかけこみ需要が見られました。逆に消費税が上がった4月以降はその反動で、売れゆきががたんと落ちる現象が見られました。でも、この落ちこみも一時的で、数か月たつと平常の状態にもどりました。

消費税のはじまり

古代ローマで生まれた100分の1税

消費税がはじめて導入されたのは、歴史に記録が残されているはんいでは、古代ローマの時代が最初のようです。ローマ帝国の初代皇帝オクタヴィアヌス（アウグストゥス）が導入した1％の売上税、いわゆる100分の1税が世界初の消費税とされています。

それまでにも関税のような間接税は導入されていましたが、オクタヴィアヌスは、紀元6年に退役軍人に除隊金をしはらうための役所をつくり、その財源として5％の相続税と1％の売上税を新たに設けて、徴税請負人やローマ帝国の役人を通して集めることにしました。この1％の売上税が今の消費税と同じものと考えられているのです。

この税は商売のじゃまをするとして一時は廃止されたのですが、安定的な税として再び導入され、ローマ帝国の末期まで300年近く続きました。

第2章 もっと知りたい！消費税

現代の消費税

　現代の消費税のもとになっているのは20世紀ドイツの売上税です。ドイツでは第一次世界大戦の戦費調達のために0.1％の売上税を導入しました。同じころフランスも戦争のための間接税を導入しています。第二次世界大戦後、両国を中心に現在のEUがつくられますが、EUでは参加各国にドイツやフランスの売上税や間接税をもとに付加価値税という名前の消費税を整備するように求めました。現在でもEUは加盟国に15％以上の付加価値税（消費税）を求めています。日本をはじめとしてアジアの国でも消費税を導入している国が多くあります。現在、世界全体では150か国以上が付加価値税（消費税）を導入しています。

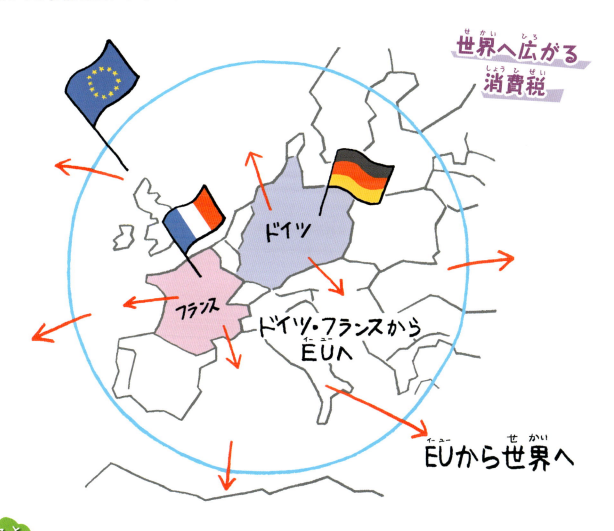

世界へ広がる消費税

ドイツ・フランスからEUへ

EUから世界へ

ちょこっと雑学　税金いろいろ

　明治以降の日本にはユニークな税金がたくさんありました。今はなくなったものでは、おかしにかかるかし税、カードゲームへのトランプ類税、冷たい飲み物へのせいりょう飲料税などがあります。これらは名前で税の内容がわかりますね。現在も存続している税に「とん税」という名前の税があります。これはブタではなく船の重さをあらわす「トン」で、外国船が日本の港に来たときにはらう税金です。

世界の消費税を見てみよう1

消費税は国によっていろいろ

グラフを見てください。世界には消費税を導入している国が150以上ありますが、税率が高い国から低い国までいろいろあるのがわかります。ヨーロッパには20％前後の国が多いのに対して、アジアの国は中国以外は日本と同じくらいの水準です。

このちがいは、どのような国を目指すのかという国づくりの目標のちがいから生じています。ヨーロッパには、税金が高くても、みんなでそれを負担して、豊かな福祉国家をつくろうとしている国が多いのです。アジアの国は経済成長が目標で、税金は直接税が中心になっています。それだけ働く人が多く元気で若い国ともいえるのかもしれません。例外は日本です。福祉国家を目指しながら消費税は8％と低く、政府は大きな財政赤字をかかえています。

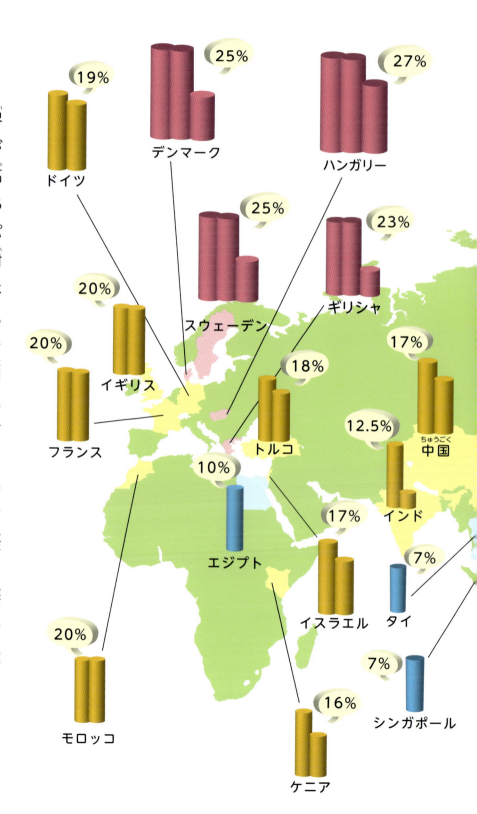

第2章 もっと知りたい！消費税

世界の消費税は高い？

　世界には日本より消費税が高い国がたくさんあります。世界で一番消費税が高い国はハンガリーです。27％の付加価値税がかかります。最近ではインターネット税が新たに加わったので減税デモもおきました。財政危機で問題になったギリシャでも付加価値税が23％に上げられました。これらの国は政府が赤字に苦しんでいて、とにかく国民から税金をとりたてなければ借金を返せずに破たんしてしまうおそれがあるのです。

　それに対して、デンマークやスウェーデン、イギリス、フランス、ドイツなどは20％前後の高い消費税を課していますが、このお金を福祉を充実させるために使っています。同じ消費税が高い国でも、政府の財政状態によって事情がちがっているわけです。

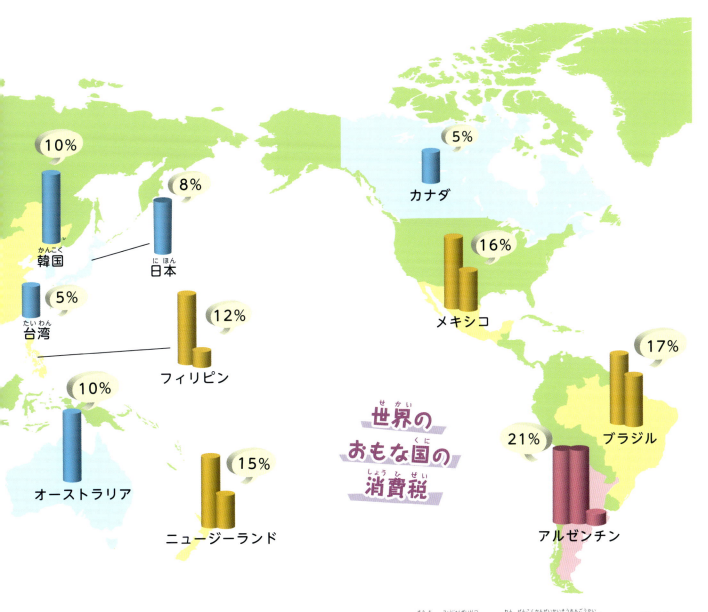

世界のおもな国の消費税

（数値は標準税率〈2015年〉全国間税会総連合会ホームページより）

世界の消費税を見てみよう２

¥ 消費税の低い国や地域の生活

消費税が日本と同じくらいか低い国もあります。そのうち一番低い５％の台湾は営業税という名前で導入されています。台湾では内税方式であることと、納税業者が限られていることもあり、人々はあまり消費税を意識して生活することがないようです。タイも内税方式なので７％の消費税がかかっていてもあまり問題にはなっていないようです。でも、タイでは1992年に消費税を導入したときには10％で負担が大きすぎると批判されて一度は税率を下げたという事情があります。経済発展をしているタイですが、国内の所得格差などから政治が混乱して消費税増税もなかなかうまくいかないようです。ここで５％になっているカナダは、これとは別に州ごとに消費税がかかるので必ずしも消費税が低いとはいえない国です。

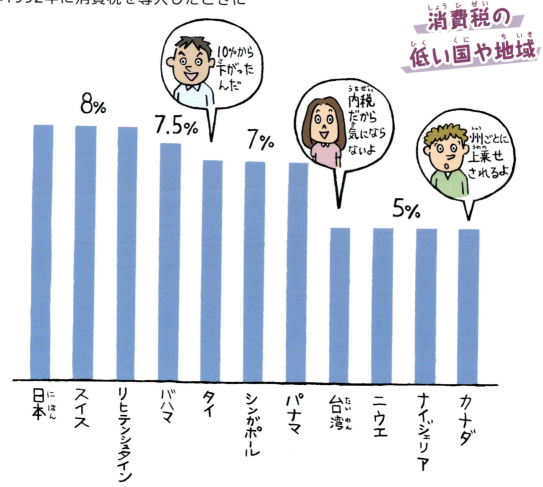

消費税の低い国や地域

（数値は標準税率〈2015年〉全国間税会総連合会ホームページより）

第 2 章 もっと知りたい！ 消費税

アメリカの消費税

アメリカには日本のような国レベルの消費税はありません。それはアメリカの税のしくみが、国（連邦政府）は所得税、州は消費税、市町村が固定資産税とそれぞれ行政の単位でちがっているからです。だから、州ごとにちがう率の消費税が買い物にかかってきます。アメリカの50州のうち一番消費税が高いのはテネシー州の9.46％、次いでアーカンソー州9.30％、ルイジアナ州9.00％と続きます。逆に消費税0％の州もデラウエア州、オレゴン州など4州あり、アメリカという国が州を単位とする国だということがわかります。ちなみにニューヨーク州は8.49％、カリフォルニア州は8.48％です。州ごとに消費税の率や軽減税率の対象品がちがうと、州の境に住む人は税金が低いほうの州に買い物に行くことを考えます。州の住民がもっと税金を安くしろという要求を出し、住民投票を行うこともあります。

ちょこっと雑学　輸出入と消費税

消費税は国内で消費される商品やサービスにかかる税金です。したがって輸出品には消費税はかかりません。海外に持っていくお土産に消費税がかからないのはそのためです。ところが、輸入品は輸入した国で消費することになるので、一定額以上の商品については、輸入の段階で原則として関税とともに消費税がかかります。

消費税が高い国のくらし

消費税が高くても幸せな北欧

　消費税の高い国の生活はどうなっているのでしょう。日本の約3倍、25％の消費税がかかっている北欧のデンマークに注目してみます。デンマークはヨーロッパの北部にある国で、農業製品の輸出やレゴの本社がある国として有名です。生活は豊かで一人当たりの国民所得は6.1万ドル（日本は3.7万ドル、2014年）をこえています。政府の税収の4分の1が消費税です。軽減税率はありません。

　こんなに税金が高くても、実はこの国は世界一幸福度が高い国（日本53位、2016年国連調査）です。デンマークでは医療費、教育費は無料です。育児支援なども充実しています。高い税金をはらってもそれが自分たちの生活を保障するものとしてもどってくるしくみができています。だから消費税が高くても生活にゆとりができて、人々の満足度が高いわけです。

　スウェーデンやノルウェーなど、ほかの北欧の国々にも同じような特徴があります。

第2章 もっと知りたい！ 消費税

消費税を高くすれば幸せになれる？

消費税が高い国がすべて幸せかどうかは難しい問題です。国民の幸福度が高いデンマークでも問題点はあります。軽減税率がないため、生活のあらゆる場面で高い消費税をはらう必要があります。インターネットでソフトをダウンロードできる機器をもっているだけで、マルチメディア税という税金がかかります。すべての商品に25％の消費税がかかるので、物価は日本の2倍くらいになっています。人々は、毎日の買い物では税金が高いなぁという実感をもっています。

また、福祉が充実しているためにおこる問題もあります。失業しても失業手当が充実しているので働かなくてもくらしていけると思ってしまう人も出てきてしまいます。アルコール中毒者が多いのもなやみです。医療は無料ですがお医者さんが足りず、診察は2か月後などということもおこっています。すべてうまくいく国はないんですね。

ちょこっと雑学　ゆりかごから墓場まで

生まれたときから死ぬときまで福祉を充実させて安心した生活ができるような政策をとりますよ、という意味の言葉です。この言葉は、第二次世界大戦後のイギリスで福祉を充実させる政策をとった当時の労働党の政府がスローガンとして使い、世界中に広がっていきました。

消費税のない国

💰 石油でうるおう中東の国々

　世界には消費税がない国があります。石油でうるおっている中東の国々がそうです。たとえば、サウジアラビアでは消費税も所得税もありません。外国人に対する個人所得税も免除されています。なんだか天国のような国ですね。

　サウジアラビアにある税金は法人税と喜捨税です。法人税は会社にかかる税です。喜捨税はイスラム教の教えの喜捨（寄附）のことで、おもに災害対策や貧しい人の救済に使います。こんなことができるのは石油の輸出によるぼう大な収入があるからです。豊かな財政で社会保障や教育、街づくりなどにどんどん税金を使っています。

　ところがこんなぜいたくも原油価格が下落したら続きません。サウジアラビアをはじめとしたアラブ諸国は近い将来、消費税（付加価値税）を導入する計画を立てています。

第2章 もっと知りたい！ 消費税

消費税がない小さな国や地域

　小さな国や特別な収入源のある地域には消費税がないところがあります。イタリアの山中にある世界で5番目に小さいサンマリノがその一つです。人口が少ないという理由もありますが、一番の理由は22％の消費税がかかるイタリアをさけてサンマリノでブランド品などを買おうとしてやってくる観光客が多いためです。また、独自に発行している通貨、サンマリノユーロや切手が希少価値をもち、それが財源にもなっています。

　もう一つの例では、今は中国に属していますが、マカオにも消費税がありません。ここは観光とカジノで有名で、カジノの収益に税をかけて財源としています。このほかには、消費税を多少はとるけれど、所得税や法人税を安くして全世界から企業を集めるタックスヘイブン（税の回避場所）とよばれる国や地域もあります。

ちょこっと雑学　所得税のない国

　地中海に面した小国にモナコがあります。ここは消費税（付加価値税）がある一方、所得税がない国です。フランスにはさまれたリゾート地で世界中のお金持ちが別荘をたてて優雅にくらす国です。風景の良さだけでなく税金の安さが魅力で、ここもタックスヘイブンの一つとされています。

コラム

マイナンバーと税金

　2016年からマイナンバー制度（社会保障・税番号制度）がはじまりました。これは、国民一人ひとりに番号を割り当てて、いろいろな行政の手続き、税金や社会保障などをこの番号で管理しようとするものです。たとえば、これまでは税金では納税者番号というものがありました。健康保険では保険証の番号、年金では年金番号といろいろな種類の番号を手続きのときに記入しなければいけませんでした。これからはマイナンバーカード1枚あれば、納税や社会保障の給付、災害時の対応などができるようになり、便利で効率的な行政ができます。とくに税金では課税のもれがなくなり、公平性が確保されるだろうと予想されています。ただし、マイナンバーは重要な個人情報で、生まれてから生涯変わることはないので、その管理は政府も個人も慎重に行う必要があります。

おわりに

　みなさんは税金のことをどれくらい知っていますか。国や地方自治体（政府）が住民に対し、さまざまなサービスを提供するためにはお金が必要です。政府がそのお金を個人や法人から強制的に徴収するのが税金です。税金を納めることは、個人・企業の義務なのです。逆に言えば、政府には税金を徴収する権利があるのです。なぜそうなのでしょうか。公立学校を建てたり、先生の給料をはらったり、消防隊員や警察官の給料をはらったり、美術館、博物館などの施設の管理をしたり、道路をつくったり橋をかけたりするのが政府の役割なのです。その費用をまかなうために政府は税金を徴収します。また、政府はその税金について、納税者に満足してもらえる使い方をするよう心がけなくてはなりません。

　みなさんのだれもが、いますでに消費税を負担しています。また、将来は納税者になるはずです。納税という義務を果たさねばならないのは無論のこと、政府がどれだけの税金を集めるかを決定し、税金のムダづかいをしないよう監視する義務も負わなければなりません。本書が、将来、みなさんが「賢い納税者」になるための指針となることを願っています。

泉 美智子

◀もっと知りたい人のためのヒント▶

『財政の仕組みがわかる本』（神野直彦）岩波ジュニア新書：税金をふくむ政府の仕事を理解する参考になります。

『ジュニア朝日年鑑』各年版　朝日新聞出版：基本的なデータや制度の変化を知ることができます。

『日本のすがた』各年版　矢野恒太記念会編：財政や税金の最新のデータを知ることができます。

財務省ホームページ『キッズコーナー』：日本の財政や税金についてゲームで学ぶことができます。

国税庁ホームページ『税の学習コーナー』：入門編、発展編と段階別に学習することができます。

総務省統計局ホームページ『なるほど統計学園』：世界の財政比較などのデータも掲載されています。

外務省ホームページ『キッズ外務省』：税金以外の世界の国々の様子も調べることができます。

東京都主税局ホームページ『君も税博士』：地方税に関しての情報が得られます。

さくいん

あ行

一般消費税 ……………… 41
内税方式 ………… 41, 43, 54

か行

概算要求 ……………… 28
科学研究費補助金 ………… 11
閣議 ……………… 28
確定申告 ……………… 27, 34
かけこみ需要 ……………… 49
関税 ……………… 16, 20, 22
間接消費税 ……………… 40, 41
間接税 ……………… 12, 20, 22
喜捨税 ……………… 58
揮発油税 ……… 19, 20, 22, 41
寄附金控除 ……………… 26
逆進性 ……………… 12, 21, 46
軽減税率 ……………… 48, 49
健康保険 ……………… 11
源泉徴収 ……………… 13, 34
公共サービス ……………… 6
公共事業費 ……………… 23
公共施設 ……………… 6
公認会計士 ……………… 29
国債 ……………… 22, 23, 44

国債費 ……………… 23
国税 ……………… 22, 23
国会 ……………… 28, 29
個別消費税 ……………… 41

さ行

歳出 ……………… 28
歳入 ……………… 28
市町村民税 ……………… 15, 24
自動車関連税 ……………… 19
自動車重量税 ……………… 19
自動車取得税 ……………… 19
自動車税 ……… 19, 20, 24
社会保障 ……… 11, 38, 39
社会保障費 ……………… 23
衆議院 ……………… 29
住民税 ……………… 15, 27
酒税 ……………… 18, 20, 22, 41
少子高齢化 ……………… 23, 32
消費税 ……… 12, 20～22, 24, 36～59
所得税 ……… 13, 20～22, 34
垂直的公平 ……………… 21
水平的公平 ……………… 21
税関 ……………… 16
生産年齢人口 ……………… 32
政府 ……………… 6

税務署 ……………………… 12, 15

税理士 ……………………… 29

相続税 ……………… 17, 20, 22

租税負担率 ………………… 19

外税方式 ………………… 41, 43

た行

たばこ税 ……… 18, 20, 22, 41

地租改正 …………………… 31

地方公共団体 ………… 6, 22, 24

地方交付税交付金 ……… 23, 25

地方消費税 ………………… 24

地方税 ………………… 22, 24

中央政府 …………………… 6

直接消費税 ………………… 40

直接税 ………………… 20, 22

直間比率 …………………… 21

都道府県民税 …………… 15, 24

な行

年金 ………………………… 11

納税 ……………………… 7, 27

は行

爆買い ……………………… 17

便乗値上げ ………………… 45

ふるさと納税 …………… 26, 27

文教及び科学振興費 ………… 23

防衛関係費 ………………… 23

法人 ………………………… 14

法人税 ……………… 14, 20, 22

本会議 ……………………… 29

ま行

マイナンバー ……………… 60

免税 ………………………… 17

や行

予算 ……………………… 23, 28

予算案 ……………………… 28

予算委員会 ………………… 29

ら行

累進課税制度 …………… 13, 21

数字

100分の1税 ……………… 50

63

監修者　**泉 美智子**　いずみ・みちこ
公立鳥取環境大学経営学部准教授、子どもの経済教育研究室代表。全国各地で金銭・経済教育を機軸に幅広いテーマで講演活動を行う傍ら、金融教育に関する著作を多数発表。テレビ・ラジオのニュース番組のコメンテーターや経済絵本作家としても活動している。日本児童文学者協会会員、経済教育学会会員、FP学会会員。

著　者　**新井 明**　あらい・あきら
1949年埼玉県生まれ。立教大学大学院経済学研究科博士課程前期修了。日本経済新聞社勤務を経て、都立高校の教員となる。現在、東京都立小石川中等教育学校非常勤講師、上智大学非常勤講師。経済教育ネットワーク理事。編著書に、『新しい経済教育のすすめ』（清水書院）、『経済の考え方がわかる本』（岩波ジュニア新書）、『高校生からの株入門』（祥伝社）など。

イラスト　**岡村奈穂美**　おかむら・なおみ

編集・デザイン　**ジーグレイプ株式会社**

参考文献　江島一彦編著『図説日本の税制　平成27年度版』財経詳報社／東京税理士会租税教育推進部編『知っておきたい税のはなし平成27年度版』東京税理士会／三木義一『日本の税金』岩波書店／小此木潔『消費税をどうするか』岩波書店／森信茂樹『消費税、常識のウソ』朝日新聞出版／熊谷亮丸『消費税が日本を救う』日本経済新聞出版社／斉藤貴男『消費税のカラクリ』講談社／木村聡子 著・山本守之 注釈『注文の多い料理店の消費税対応』中央経済社／井堀利宏『ゼミナール公共経済学入門』日本経済新聞社／諸富徹『私たちはなぜ税金を納めるのか』新潮社／財務省・国税庁・外務省ホームページ

よくわかる税金
種類・役割から消費税の問題まで

2016年9月 7 日　第 1 版第 1 刷発行
2018年6月26日　第 1 版第 4 刷発行

監修者　泉　美智子
著　者　新井　明
発行者　瀬津　要
発行所　株式会社PHP研究所
　　　　東京本部　〒135-8137　江東区豊洲5-6-52
　　　　　児童書出版部　☎ 03-3520-9635（編集）
　　　　　児童書普及部　☎ 03-3520-9634（販売）
　　　　京都本部　〒601-8411　京都市南区西九条北ノ内町11
　　　　PHP INTERFACE　https://www.php.co.jp/
印刷所
製本所　図書印刷株式会社

ⓒg.Grape Co.,Ltd. 2016 Printed in Japan　　　　ISBN978-4-569-78579-0
※本書の無断複製（コピー・スキャン・デジタル化等）は著作権法で認められた場合を除き、禁じられています。また、本書を代行業者等に依頼してスキャンやデジタル化することは、いかなる場合でも認められておりません。
※落丁・乱丁本の場合は弊社制作管理部（☎03-3520-9626）へご連絡下さい。送料弊社負担にてお取り替えいたします。
63P 29cm NDC345